AF284573

So lebt

Barcelona

Der perfekte Reiseführer für einen unvergesslichen Aufenthalt in Barcelona inkl. Insider-Tipps, Tipps zum Geldsparen und Packliste

Amelie Bach

✈ INHALT

Das erwartet Sie in diesem Ratgeber

E s wird mal wieder Zeit für die Urlaubspla-
nung? Super, dann bringen Sie die kommen-
den Zeilen schon mal ein Stück näher in den
bevorstehenden Urlaub! Es ist nicht immer leicht,
sich zwischen zig möglichen Reisezielen zu entscheiden, welches es dieses Jahr sein soll, deshalb mache
ich Ihnen die Wahl etwas leichter. Wie wäre es denn
mit Spanien? Ich stelle Ihnen das traumhafte
Barcelona vor, passen Sie auf, Sie werden sich
schnell in die Stadt verlieben. Ich zeige Ihnen das

abwechslungsreiche, bunte, fröhliche Barcelona in vielen verschiedenen Facetten. Ob für den kleinen Geldbeutel oder den Luxus-Urlauber, hier ist in jedem Fall etwas für Sie dabei. Ob Shoppingtouren in kleinen Lädchen, in dem XXL Kaufhaus "El corte Ingles" oder Relaxen am Strand "Barceloneta" oder in Parks, besuchen Sie eindrucksvolle Museen, schlendern Sie über den einheimischen Markt oder erleben Sie eine spannende Sightseeing-Tour, alle Ihre Wünsche werden in dieser wundervollen Stadt sogar noch übertroffen. Na, Interesse geweckt? Dann profitieren Sie von nützlichen Insider-Tipps und Vorschlägen zu den schönsten Plätzen und Sehenswürdigkeiten sowie zu tollen Restaurants, Bars und Hotels. Es werden Ihnen viele Möglichkeiten der Verkehrsmittel und Fortbewegung in der Stadt gezeigt und ebenso lernen Sie die wichtigsten Do's und Don'ts für Barcelona kennen, um den Urlaub entspannt genießen zu können. Lassen Sie sich also von mir in den Bann dieser bilderbuchartigen Stadt ziehen ...

Und eins ist sicher – dieser Urlaub wird unvergesslich werden!

Barcelona auf einen Blick

F ür mich persönlich ist Barcelona eine der schönsten Metropolen, die ich bisher gesehen und erlebt habe. Barcelona bietet so ziemlich alles im Überfluss: Architektur und Mode, Strand und Meer, Kultur und Party, leckeres Essen an jeder Ecke, Kunst und Museen, Shopping, und vor allem ein buntes, aufgewecktes lebendiges Leben.

Einfach eine wunderbare Stadt, deren Erkundung in vielerlei Kategorien lohnt.

Sie werden nun Ihre eigenen Gründe finden, wieso Ihnen Barcelona sehr gefallen wird!

DIE GESCHICHTE VON BARCELONA

Bevor ich Sie in die wunderschönen Gassen und Strände von Barcelona führe, erzähle ich Ihnen erst einmal etwas über Barcelona an sich.

Am besten betrachtet man Barcelona mal von oben. Diese besondere Stadt besteht nämlich aus Waben, oder besser gesagt die sogenannten "distritos", welche in einzelne Stadtteile aufgeteilt sind. Jeder Bezirk besitzt einen einzelnen Rat, welcher über verschiedene Bereiche selber entscheidet. Die aktuelle Aufteilung der Stadt stammt bereits aus dem Jahr 1984. Die wichtigsten Bezirke für den Tourismus sind definitiv die Ciutat Vella, Eixample und Gracia, aber hierzu später mehr Einzelheiten.

Es ist also sehr einfach Läden, Sehenswürdigkeiten oder Hotels zu finden, da die Stadt zwar groß, aber sehr übersichtlich gestaltet ist. Ebenso können Sie natürlich auch gemütlich durch die Straßen schlendern und müssen sich keine Sorge darüber machen, verloren zu gehen, denn zudem verweisen ebenso viele Schilder in den Straßen zu bekannten Plätzen oder Sehenswürdigkeiten. Diese traumhafte Stadt ist das Herz Spaniens und die Hauptstadt Kataloniens. Barcelona liegt auf Platz zwei der größten Städte in Spanien, auf Platz eins liegt Madrid. Barcelona liegt geografisch im Nordosten an der Küste des traumhaften Mittelmeers und ist umringt von der Bergkette "Serra de Collserola" und zwei Flüssen. Die Pyrenäen liegen mit grob 120 Kilometern unweit der Stadt entfernt. Zudem bietet Barcelona ein mediterranes, warmes Klima. Im Winter ist es sehr mild und die Sommer dafür sehr heiß. In den Sommer Monaten Juli und August kann man am besten an den Strand, denn die Temperaturen sind dann meist zwischen 30 und 35 Grad. Durch die Lage am Meer bläst immer ein frischer leichter Wind durch die Straßen, der eine angenehme Temperatur bietet.

Der Berg Montjuic liegt im Südwesten und von dort hat man einen traumhaften Blick über den Hafen. Hier liegt auch zudem die Festung aus dem 17. Jahrhundert, welche man ebenso besichtigen kann. Dazu aber später mehr.

Über die genauen Ursprünge von Barcelona und der Entstehung der Stadt ist leider nur wenig überliefert, allerdings ist die Stadt von vielen historischen Sehenswürdigkeiten und durch die Römer sowie auch in der heutigen Zeit durch Modernisierungen sehr vielseitig und bunt geworden. Für ihre Kunstwerke und die Architektur ist Barcelona weltbekannt und strahlt einen besonderen Flair aus.

Barcelona besteht aus einem mittelalterlichen Zentrum und zahlreichen Sehenswürdigkeiten. Darunter sind beispielsweise Überreste aus der Römerzeit sowie interessanter Architektur. Die Bau- und Kunstwerke des Architekten Antoni Gaudí, welche in der Stadt zu sehen sind, gehören zu dem UNESCO Weltkulturerbe. Das populärste Bauwerk der auch modernen Stadt Barcelona ist die Kirche "Sagrada Familia". Hierzu folgen später noch Details.

Der Tod des zuvor regierenden Diktatoren Francisco Francos 1975 führte zu einer Demokratisierung in Spanien. Zuvor hatte er sich vom aufkommenden Widerstand nicht begeistert gezeigt und eine Unterlassung der katalanischen Sprache und Kultur ausgesprochen. Auch sollte das Gebiet Katalonien nicht am Tourismus teilhaben, was allerdings erst recht dazu führte, dass gerade diese Unterdrückung zu einer Verbesserung der Industrie und der allgemeinen Kultur beitrug.

Zwei Jahre später kam es in Barcelona zu einer großen Demonstration mit über einer Million Teilnehmern, welche eindeutig für die Demokratie Spaniens standen. Ein Jahr darauf wurde die Verfassung geändert und im Jahr 1978 gewannen die Sozialisten die Wahl, welche noch bei Francisco Franco verboten waren.

Somit ist Spanien also wieder eine Demokratie geworden und trat 1986 der EU bei und verrichtete kurz darauf auch die Olympischen Sommerspiele.

Die Stadt entwickelte sich hin zu einem sehr begehrten Touristen- und Urlaubsziel mit stetig steigenden Besucherzahlen sowie Zuwanderung. Barcelonas Entwicklung in der Stadt in Sachen Bauprojekten ist in den vorherigen Jahren von einigen Großaufträgen gekennzeichnet, die eine Optimierung der Lebensqualität sowie auch die Tourismus-Verstärkung herbeiführen, wie zum Beispiel der Aufarbeitung und Restaurierung der Strände, dem Umbau einiger Viertel und dem Bau der Hochgeschwindigkeitsbahnstrecke von Barcelona nach

Frankreich.

"Parles Catalan?" werden Sie gefragt. Sprechen Sie Catalan? Ja, was ist denn das eigentlich? Die katalanische Sprache ist eine lateinische Sprache, gehört somit zu den romanischen Sprachen und ist im 8. Jahrhundert entstanden. Hier ein paar kleine nützliche Worte:

Guten Morgen – Bon dia

Guten Tag – Bona tarda

Gute Nacht – Bona nit

Wie geht`s? – Com estas?

Bei der Frage, ob Katalonien eine Nation und Barcelona die darin liegende Hauptstadt ist oder nicht, streitet man sich nach wie vor. So ähnlich auch vieles ist oder klingt, gibt es dennoch einige regionale Unterschiede in Sprache und auch der Kultur. Bei der Diskussion, ob in Katalonien nun künftig Spanisch oder Katalan gesprochen werden soll, kam man bisher noch auf kein eindeutiges Ergebnis. Englisch wird häufig vergessen aber dennoch ziemlich gut beherrscht, vor allem in Touristengegenden. Die Sprache Deutsch sprechen nur wenig Einheimische.

Unter Franco, wie oben schon genannt, war es verboten, katalan zu sprechen, und durfte nirgends verwendet werden. Erst 1978 kehrte diese melodiöse Sprache wieder in den Gebrauch zurück. Heute ist es so, dass alle Zeitschriften und Zeitungen auf Katalanisch erscheinen müssen. In den Schulen und Universitäten dominiert aktuell die katalanische Sprache und in den Medien wird weitestgehend auf Katalanisch berichtet.

Barcelona, wie ebenso das restliche Land, gehört zu dem stark traditionell katholischen Glauben, so ist es nicht verwunderlich, dass die katholische Kirche hier die führende Glaubensgemeinschaft ist. Dennoch leben die unterschiedlichsten Nationen zusammen und vertreten somit eine breite Masse an verschiedenen Glaubensrichtungen.

Lebenseinstellung und Mentalität

Oh, viva espana! Die Spanier lieben das Leben, ihr Land, die verschiedenen Kulturen, das Genießen und das Beisammensein. Landschaftlich und menschlich einfach ein Paradies. Sehr warme, angenehme Sommer, milde Winter, so zeichnet sich das wundervolle Klima Barcelonas aus. Gekrönt wird all das durch die Gastfreundschaft der Einheimischen, deren Lebensfreude eindeutig ansteckend ist.

Die Mentalität sowie auch die Lebensart der

Spanier unterscheidet sich von der deutschen Lebensart und auch der Erziehung schon sehr deutlich. Barcelona strahlt eine faszinierende Lebensfreude aus. Dies können Sie sowohl an den kleinen unzähligen Bars und Lädchen oder die Vielzahl an unterschiedlichen Kulturen, die in dieser Stadt unterwegs sind, oder dem bunten Treiben auf den Märkten sehr gut spüren. Man wird allein schon beim Beobachten direkt von dieser positiven Art gefesselt. Die Menschen sind offen, herzlich und freundlich. Bis spät in die Nacht sitzt man zusammen, tauscht sich aus und genießt leckere Spezialitäten; kulinarischer Genuss gehört nämlich ebenfalls eindeutig zur Mentalität der Spanier.

Zu der spanischen Lebensart gehört sowohl die Erziehung als auch der Umgang mit Kindern. Denn im Vergleich zur deutschen Erziehung, hat man sehr oft den Eindruck, Kindern ist alles erlaubt und das auch bis mitten in die Nachtstunden. Man begegnet großen Familien spät abends zum Beispiel in einem Restaurant, in dem laute Unterhaltungen mit großzügigem Essen Standard sind.

Wer sich gern ein bisschen anpasst an die Lebenslust, lautes Reden und Lachen im besten Sinn, tolles Essen und Sonnenschein, dem wird Barcelona genauso gefallen, wie es ist – besonders, einzigartig wie sonst nirgends und lebensfroh!

TYPISCH SPANIER!

Unterschiede machen sich in vielen Situationen bemerkbar. Das Essen erst spät am Abend ist nämlich wirklich typisch spanisch!

Für uns Deutsche, oder zumindest Nicht-Spanier, sind die lauten Unterhaltungen, meist beim Essen, oft schwer von einem Streitgespräch zu unterscheiden, trotz der sehr melodischen Sprache. Zudem gehören auch ausgiebige Diskussionen zur ganz normalen Tagesordnung. Spanier sind ein überdurchschnittlich temperamentvolles Volk. Eben deshalb sind schon ganz normale Unterhaltungen und Telefongespräche sehr viel lauter, als wir es vielleicht hierzulande gewohnt sind. Doch auch das ist typisch spanisch, sie sind temperamentvoll und laut, allerdings auf eine wirklich liebenswerte Art.

Schon von Grund auf ist der Spanier ein sehr stolzer Mensch, aber nicht nur auf sein Land und sich selbst, sondern auch auf seine Familie. "La familia" (die Familie) – Anders als in Deutschland ist in Spanien die Familie eine Art Status und von oberster Priorität. Der Spanier ist ein absoluter Gruppenmensch und genießt das Zusammensein mit Freunden und vor allem der Familie sehr. So haben sie es durch ihre Erziehung gelernt, alle halten zusammen und sind immer füreinander da. Auch wenn man verschiedene Laufbahnen ergreift, die Familie steht immer zusammen an oberster Stelle. In Notlagen ist niemand auf sich alleine gestellt. Wie bei den meisten Südländern üblich, geht auch den Spaniern nichts über "la familia", dabei spielt es keine Rolle, in welchem Gebiet Hilfe gewollt wird, sogar der stolze Spanier gibt für seine Familie sein letztes Hemd. Für viele Spanier gibt es auch aus diesem Grund nichts besseres, als mit seiner Familie zusammen zu leben, so lange wie möglich. Ebenso leben Spanier häufig in mindestens zwei Generationen zusammen in einem Haushalt oder zumindest in derselben Straße.

Zudem ist es sehr üblich, sich zur Begrüßung wie auch zur Verabschiedung ein "Beso" (Küsschen) zu geben. In Deutschland ist das erst in den letzten Jahren zu beobachten, während der "Beso" in Spanien zur Begrüßung wirklich sehr vertreten ist und als normal angesehen wird.

Wer einen Urlaub in Barcelona plant, der sollte sich auf jeden Fall jetzt schon an das bekannteste spanische Wort "mañana"(morgen) gewöhnen. Denn dem gilt stets: was heute nicht machbar ist, das wird dann eben morgen oder übermorgen erledigt.

Denn Ungeduld ist ihnen völlig fremd. Deshalb ist den Deutschen vor allem auch die spanische "Siesta"(Mittagsschlaf/Pause) oft unverständlich. Doch was ist die "Siesta" denn eigentlich genau? Es handelt sich um die Mittagsruhe in Spanien. Früher war die Pause von 12 Uhr bis 16 Uhr nachmittags, mittlerweile ist sie aber in den meisten Regionen ab circa 14 Uhr bis 17 Uhr. Demnach ist zu dieser Zeit fast alles geschlossen.

Aber warum gibt es die "Siesta" denn überhaupt? Die "Siesta" wurde eingeführt, wegen der sehr hohen Temperaturen, die am stärksten am Mittag und am Nachmittag sind. Früher gab es noch keine Klimaanlage oder Ventilatoren, welche die Arbeitsplätze der Menschen abgekühlt haben. Also wurde beschlossen, dass man eine längere Mittagspause einlegt. Vor allem solche Arbeiten, wie zum Beispiel auf der Baustelle, wären zu anstrengend um diese Zeit. Es ist zudem in Spanien üblich, in der Mittagszeit nicht einkaufen zu gehen und erst am frühen Abend wieder anzufangen, zu arbeiten. Auch für die Touristen ist die "Siesta" mittlerweile etwas ganz Normales. Allerdings wird die "Siesta" in internationalen Firmen und Organisationen kürzer gestaltet, so bezieht sie sich häufig nur noch auf die Touristen und auf die Geschäfte, die überwiegend von den Touristen genutzt werden, wie zum Beispiel größere Supermärkte und Einkaufsstraßen. Eher kleinere Läden und auch die, die privat geführt werden, halten sich allerdings an die verlängerte Pausenzeit. Allerdings öffnen die meisten Discos, Clubs und Bars nicht vor 3 Uhr nachts, dafür kann man aber bis früh am Morgen ausgiebig in den neuen Tag hineinfeiern. Es wird also lange und laut gefeiert!

Typisch spanisch ist allerdings auch das, was Sie in den meisten Hotelzimmern vorfinden werden, denn hier machen sich ebenso die Unterschiede bemerkbar. Typisch spanische (Hotel-)Zimmer zeichnen sich am meisten durch die Suche nach einem Kopfkissen aus, diese gibt es nämlich häufig nicht. Bettdecken gibt es ebenso meist keine und normalerweise sind Leinentücher als Decke gedacht. Dafür haben aber die meisten Zimmer, auch die günstigen, einen Ventilator zur Abkühlung.

Das Fazit ist also: Spanien ist ein lautes, offenes Land. Und wie das Land, so auch die Bewohner: Facettenreich, freundlich, tolerant. Schließlich werden Spanier nicht ohne Grund weltweit für ihre offene, humorvolle und lockere Art äußerst geschätzt.

Anreise und Verkehrsmittel

Suchen Sie einen billigen Flug nach Barcelona? Nach Barcelona zu fliegen, ist von sehr vielen großen Städten von Europa aus möglich. Größere Flughäfen haben sogar mehrere Flüge am Tag nach Barcelona. Darunter gibt es natürlich auch Direktflüge, die einen gerade mal um die 1-2 Stunden Zeit kosten.

Es lohnt sich auf jeden Fall immer, die Preise der Airlines zu vergleichen und am besten früh zu buchen, um mögliche Schnäppchen zu ergattern. Wenn

Sie das also bisher noch nicht erledigt haben, dann mal los!

Der Flughafen von Barcelona "El Prat" ist der zweitgrößte Flughafen Spaniens. Er ist circa 12 km vom Stadtzentrum entfernt

Am großen Flughafen gelandet, kommen Sie am einfachsten mit dem Bus in den Stadtkern. Dieser hat eine super passende Anbindung in die Innenstadt. Die wohl bekannteste Buslinie heißt "Aerobus" und fährt mehrmals in der Stunde vom Flughafen direkt nach Barcelona. Er hält an den gängigsten Plätzen wie dem "Plaza Catalunya" im Herzen Barcelonas. Diese Linien fahren alle 30 Minuten und sind zudem auch auf die landenden Flugzeuge abgestimmt. Von egal welcher Seite Sie den Flughafen also verlassen, werden Sie direkt auf diese Busse stoßen. Tickets kann man direkt am Steig kaufen. Haltestellen werden angesagt sowie angezeigt. Wenn Sie als Ausstieg eine der großen Plätze in Barcelona wählen, erreichen Sie die meisten Hotels ganz einfach zu Fuß. Von diesen Plätzen geraten Sie auch ganz einfach zu weiteren Bushaltestellen und anderen Buslinien für das innere Stadtnetz und auch für die bekannten und beliebten Sightseeing Busse.

Sich in Barcelona fortzubewegen, ist absolut einfach und keine Herausforderung.

Für die einfache und zwanglose Art, sich fortzubewegen, kann man ganz einfach Räder mieten. Diese bekommt man am Placa Catalunya sowie auch in der Strandnähe. Zudem gibt es auch überall verteilt Fahrradmietstationen, an denen Sie auch spontan ein Rad leihen können. Vor allem in den touristischen Vierteln haben sich mittlerweile sehr viele Fahrradstationen und Fahrradverleihe angesiedelt. Die Preise hierfür sind circa 15 Euro pro Tag je Rad. Erst recht im Sommer lohnt sich für Sie damit eine Radfahrt am Strand entlang und durch die Stadt. Für Touristen mit großer Ausdauer – fahren Sie nach der Strandpromenade doch gern mal in Richtung Montjuic und sehen Sie, wie weit Sie kommen!

Auch neben Rollern, die man mieten kann, gibt es in einem weitläufigen Bereich des Strands "Barceloneta" auch Rikschafahrer. Diese Preise werden, ebenso wie bei Taxen, nach Kilometern berechnet und sind somit eher im deutschen Preisverhältnis, aber sehr bequem! Zudem genießt man eine tolle Aussicht und bekommt noch eine spannende oder witzige Geschichte von dem Fahrer oder der

Fahrerin erzählt.

Selbstverständlich gibt es auch Taxen in Barcelona. Allerdings fahren diese ungern in Strandnähe und sind vergleichsweise teurer als die anderen genannten Mittel. Mit dem eigenen Auto sollte man es meiden, in den Stadtkern zu fahren, da die Parkgebühren überdurchschnittlich hoch sind.

Natürlich können Sie auch ohne ein Flugzeug anreisen, wenn Sie nicht gerne fliegen oder mehr von der grandiosen Landschaft unterwegs sehen möchten. Es gibt zum Teil nämlich auch Direktverbindungen ab Paris, Mailand und Zürich. Auch hier sind Sie besser und günstiger dran, je früher Sie buchen.

Des Weiteren gibt es auch noch die U-Bahn, mit der Sie sich ebenso innerhalb der Stadt wie auch von und zum Flughafen bewegen können. Die Preise hierfür sind günstig.

Der öffentliche Verkehr ist hervorragend und weitläufig ausgebaut. Am besten kaufen Sie ein sogenanntes "Carnet" für zehn Fahrten, es kostet circa 11 Euro und gilt in Metro, Bussen sowie allen Straßenbahnen.

Bitte denken Sie auch noch an Folgendes: Europäer benötigen bei der Einreise nach Spanien lediglich einen Personalausweis.

Touristen-informationen

In einer fremden Stadt ist es immer von Vorteil, wenn man weiß, wo man sich erkundigen kann. Deshalb sind in Barcelona sehr viele Tourismusbüros verteilt, in denen Sie hilfreiche Antworten auf Ihre Fragen bekommen können. Ob Sie nach dem Weg fragen möchten, nach Broschüren für Sightseeing oder einfach nach Metro- oder Bus-Plänen, die Angestellten dort sind sehr freundlich und helfen Ihnen gerne weiter. Zudem sind in den Infobüros, zum Beispiel am Platz "Placa de Catalunya", welches das größte in Barcelona ist, sowie im Rathaus oder auch in Strandnähe am Kolumbus-Denkmal vertreten und leicht zu finden. Auch Souvenirshops werden Sie dort finden, nämlich die "Barcelona Original Shops".

Ebenso finden Sie die Touristeninformationen schon bereits am Flughafen (Terminal 1 und 2), dort gibt es gleich nach dem Ausgang ein großes Tourismusbüro. Ein Besuch in einem solchen Büro lohnt sich für Sie in jedem Fall, denn hier kann man bereits auch schon die vergünstigten Tickets für diverse Sehenswürdigkeiten und Verkehrsmittel kaufen. Die meisten solcher Büros haben bis 20 Uhr geöffnet.

Innerhalb der Stadt finden Sie 5 große Informationsbüros und nochmals circa 10 kleinere Stände. Ebenso können Sie natürlich auch in den Kiosken um Rat bitten. Nach dem Weg können Sie auch gerne Einheimische fragen, die helfen Ihnen auch sehr gerne weiter und erklären Ihnen den Weg.

Attraktionen und Highlights

J e nachdem, wie lange Sie vorhaben, zu bleiben, sollten Sie sich vorher über eine genaue Planung einig werden. Was möchten Sie unbedingt sehen, was interessiert Sie eher nicht so sehr? Natürlich können Sie auch einfach ganz spontan das ansehen, was Ihnen beim Durchstreifen der Straßen vor die Füße fällt. Es kommt natürlich ebenso darauf an, wie viel Zeit Sie zur Verfügung haben.

Wer nur wenige Tage Aufenthalt hat, sollte die Altstadt zu Fuß besichtigen und das restliche

Barcelona mit dem Bus erkunden. Für Reisende, die länger Zeit zur Verfügung haben, lohnen sich auf jeden Fall diese Top 5 Ziele:

1. **Die Ramblas und Altstadt "Barri Gotic"**
2. **Der Hafenbereich und Strand "Barceloneta"**
3. **Sagrada Familia**
4. **Das Barcelona des Antoni Gaudí und der Park Güell**
5. **Berg Montjuïc und Tibidabo**

Gerne gebe ich Ihnen auch weitere Beispiele, die es sich in jedem Fall zu besuchen lohnt und ausführlichere Beschreibungen hierzu.

DIE RAMBLAS UND ALTSTADT "BARRI GOTIC"

Die Rambla (La Rambla / Singular), auch bekannt als Les Rambles (Plural) bilden die Hauptverbindung vom Plaza de Catalunya zum Hafen und zu der Kolumbusstatue. Die Ramblas sind eine 1.2 km lange Strecke und teilen die Stadt in zwei Teile. Sie verbinden den Placa de Catalunya mit dem Alten Hafen und gelten unter anderem als die Einkaufsmeile Barcelonas. Zudem kann man hier auch Snacks für unterwegs besorgen oder sich einfach das Treiben ansehen.

"La Boqueria" (Mercat Sant Josep) ist die bekannteste Markthalle Barcelonas, welche direkt an den Ramblas zu finden ist. Sie ist an den großen bunten Glasfenstern leicht zu erkennen und zu finden, allerdings ist sie etwas nach hinten versetzt, wer also nicht genau hinsieht, der läuft am Eingang vorbei. Sie bietet viele große Stände über Früchte, Gemüse, Fisch und Fleisch sowie auch Gewürze und anderen Zutaten.

Bei so vielen wunderschönen und liebevoll dekorierten Ständen, fällt es schwer, nichts zu kaufen. Es beginnt am Eingang mit den Obstständen und frisch gepressten Säften und Smoothies in den verschiedensten Geschmacksrichtungen. Die Qualität ist sehr gut und einwandfrei und auch die Menge, die man bekommt, ist total in Ordnung. Allerdings sind die Preise der äußeren Stände oft höher als die Preise an den Ständen weiter hinten in der Halle. Fleisch und vor allem frischer Fisch wird dort zu Hauf angeboten und an den einzelnen Ständen können Sie alles nochmal aus der Nähe betrachten und Fotos machen. **Sie ist eben auch zum Touristenziel geworden, weshalb sie oft sehr voll ist. Es lohnt sich also am meisten, sehr früh morgens zu kommen und sich umzusehen.** Der Markt ist einer der ältesten in Barcelona und die Markthallen wurden 1874 erbaut. Auch wenn es, rein optisch gesehen, viel schönere Gebäude in Barcelona gibt, so ist sie doch als Markthalle die weltweit bekannteste. **Weiter hinten in der** Halle gibt es noch einige Bars und Cafés. Die Kellner dort sind lustig und freundlich, wie auch das Personal an den Ständen. Sie nehmen sich auch gerne Zeit für eine Beratung.

Montag bis Samstag hat die Halle von 8-19 Uhr geöffnet, Samstag schließen die Stände gegen 14 oder 15 Uhr und Sonntag ist die Halle geschlossen. Die Stände mit frischen Produkten schließen meistens früher. An Ihrer Stelle würde ich also, wie oben bereits erwähnt, den Markt früh besuchen, da in der Mittagszeit sich dort sehr viele Menschen auf einmal tummeln.

Auf beiden Seiten der Rambla, können Sie den Busverkehr nutzen. Natürlich können Sie aber auch einfach das Flair genießen und entlang laufen.

Jeder Abschnitt der Rambla wie auch der einzelnen Bezirke ist anders geprägt. So gibt es Blumenhändler zum Beispiel nur auf der Rambla de Sant Josep. Straßenkünstler, die ihr Können unter Beweis stellen, und Musiker mit den verschiedensten Instrumenten oder Gesang findet man auf den anderen Straßenabschnitten.

In der Nähe der Rambla werden Sie auf das Altstadtviertel **"Barri Gotic"** aufmerksam, daneben der Stadtteil, welcher auch zur Altstadt gehört: "El Raval". Das historische Zentrum oder auch die Altstadt "Barri Gotic" bietet folgende Sehenswürdigkeiten:

"La Catedral" (Die Kathedrale) – die einzige in Barcelona, befindet sich in der Altstadt. An derselben Stelle, an der sich heute die Kathedrale befindet, wurde früher ein römischer Tempel erbaut. Die gotische Fassade wurde im 19. Jahrhundert fertiggestellt, während der mittlere große Turm übrigens erst noch später hinzu kam. Dieser war somit erst 1913 fertig. In der Krypta befindet sich das sagenumwobene Grab der Heiligen Eulalia. In die Kathedrale gelangt man über eine kleine schmale Treppe zu einem kleinen, schön geschmückten Altar. Neben der ältesten Tür der Kathedrale, an der Seite der Kapelle, ist ein kleiner Aufzug versteckt: Mit ihm gelangt man auf das überschaubare Dach der Kathedrale, von welchem aus Sie die Glockentürme und das tolle Panorama über Barcelona erblicken können.

Auch wird sie „La Catedral Santa Eulàlia" genannt und beeindruckt unter anderem auch mit ihrer Länge von 93 Metern sowie der Kirchturm Höhe von 70 Metern. Hinzu kommen 28 Seitenkapellen und eine große Fenstergalerie, die es sich zu bestaunen lohnt. Zudem ist auch der Kreuzgang einfach wunderschön und sehr aufwendig und opulent gestaltet. Brunnen, Gärten und Gänse laden zum Ausruhen und Bestaunen ein. Die Gänse stehen übrigens laut Überlieferung einerseits für die 13 Gänse für Eulalias Sterbealter und andererseits sollen sie wohl als "Abschreckung" dienen, durch ihr lautes Organ, als Schutz vor Einbrechern. Auch gut zu wissen, ist, dass die Klosteranlage aus dem 14. Jahrhundert stammt und ebenfalls besichtigt werden kann.

Auf dem Platz vor der Kathedrale "La Seu" wird Ihnen im Sommer noch ein aufregendes Schauspiel geboten, da die sogenannte "Sardana" getanzt wird. Das ist ein traditioneller katalanischer Volkstanz, bei dem man sich im Kreis an den Händen fasst und gemeinsam tanzt. Gerne können Sie, wenn Sie dort sind, wenn ein solcher Tanz aufgeführt wird, gerne mitmachen und sich einreihen.

DER HAFENBEREICH UND STRAND "BARCELONETA"

"La Rambla" bedeutet so viel wie "das Flussbett", also begeben Sie sich doch einmal in Richtung Hafengebiet, dieses startet am Ende der Rambla bei der Kolumbussäule. Das Denkmal an sich ist auch einen Zwischenstopp wert. Das Werk ist von Rafael Arche und steht mitten auf dem Platz "Placa de la Pau", beziehungsweise "Plaza de la Paz" (Platz des Friedens). Errichtet wurde die imposante Säule 1886 und ist seither das Wahrzeichen des Hafens.

Dieser Bereich des Hafens ist definitiv sehenswert! Er nennt sich "Port Vell" und befindet sich zwischen der Kolumbussäule und dem Strand **"Barceloneta"**. Von dort aus werden unter anderem Fahrten nach Genua, Ibiza und Mallorca angeboten. Dort befindet sich ebenso das Schifffahrtsmuseum "Museo Maritimo" aus dem 13. Jahrhundert. Allein von außen ist es wunderschön zu betrachten und passt wunderbar in die attraktive Skyline des Hafens. Ein kleiner Aufzug in der circa 50 Meter hohen Säule führt Sie, wenn Sie möchten, bis zum Fuß der Kolumbusstatue. Von der Plattform unterhalb der Statue können Sie einen tollen Blick über den Hafen erleben, während sich am Fuß der Säule Bronze-Elemente befinden, die an die Entdeckung Amerikas erinnern sollen. Der Finger von Kolumbus zeigt Richtung "Neue Welt".

Ebenso können Sie nun hier am Hafen auch an Rundfahrten durch den modernen Hafen teilnehmen. Diese fahren nur wenige Meter von der Kolumbus Statue entfernt Ihre Runden. Eine Rundfahrt dauert ca. 20-35 Minuten. Im Stadtteil "Barceloneta", also in der Nähe des gleichnamigen Strandes, stoßen Sie auf den fast 80 Meter hohen "Torre Sant Sebastia".

Noch im Turm befindet sich das "Torre d'Alta Mar", ein sehr leckeres und preiswertes Restaurant mit einer traditionellen Küche und guten Angeboten sowie einer traumhaften, weitläufigen Aussicht auf "La Barceloneta", den Hafen und Barcelona an sich.

Apropos Strand, der Strand **"Barceloneta"** im

gleichnamigen Stadtteil ist ein wunderschöner, 4 Kilometer langer, Sandstrand gleich hinter dem Hafen. Wenn Sie den Olympia Hafen "Port Olimpic" passieren, erreichen Sie den wunderschönen Strand direkt. Er ist leicht zu Fuß, wie auch per Rad, Metro oder Rikscha zu erreichen. Alle Strände Barcelonas sind gut mit der Metro und der Straßenbahn erreichbar. Nur wenige Meter hinter dem Strand verläuft die super schöne Strandpromenade. Hier finden Sie unter anderem Kunstwerke, Bars, Restaurants sowie kleine Supermärkte und auch Souvenirshops. Es lohnt sich in jedem Fall, auch Abend hier lang zu schlendern. Im Sommer finden dort auch zahlreiche Events statt.

SAGRADA FAMILIA

Im Norden des Zentrums besitzt dieser Teil Barcelonas mit der "Sagrada Familia", das wohl bekannteste Bauwerk der Stadt. Die "Sagrada Familia", was so viel heißt, wie "die heilige Familie", ist Gaudis größte aber unvollendete und dadurch berühmteste Baustelle Barcelonas. Es ist schlichtweg das Wahrzeichen Nummer 1. Sie gehört ebenfalls zum

UNESCO Welterbe.

Leider sind die Warteschlangen oft sehr lang und schlängeln sich auch meist oft sogar an heißen Tagen um das gesamte Gebäude. Dieses unvollendete aber traumhafte Bauwerk möchten eben alle sehen! Sie ist eben die bekannteste Kirche Barcelonas, wenn nicht sogar unter den meist bekanntesten der Welt. Antoni Gaudi begann mit der Planung und dem Bau im Jahr 1882 und machte sich damit zu einem der bekanntesten Künstler und Architekten aller Zeiten. Sogar über seinen Tod hinaus ist sein Name immer noch in aller Munde und seine Kunstwerke, die in der kompletten Stadt verteilt sind, ziehen immer noch Massen an Touristen an und begeistern ebenso noch die Einheimischen.

Der offizielle Name der Sagrada Familia lautet allerdings "Temple Expiatori de la Sagrada Familia". Auf Deutsch heißt das so viel wie "Sühnetempel der Heiligen Familie". Wer die Sagrada Familia nie gesehen hat, der war meiner Meinung nach auch nicht in Barcelona. Dieses Kunstwerk muss man einfach einmal in echt betrachten. Sie ist das Wahrzeichen schlechthin und ein Besuch gehört auf jeden Fall ins Pflichtprogramm für jeden Touristen hier.

Damit Sie die sehr langen Warteschlangen umgehen können, empfehle ich Ihnen, die gewünschten Eintrittskarten auf jeden Fall vorab zu kaufen. Es gibt verschiedene Anbieter, wie zum Beispiel GetYourGuide. Zudem sind verschiedene Karten für verschiedene Teile der Kirche erhältlich. Diese unterscheiden sich in der Länge der Führung oder auch welche Bereiche der Kirche Sie sehen möchten. So können Sie zum Beispiel die Türme alleine besichtigen oder auch eine komplette Tour buchen. Je nach Ihren Wünschen oder Zeitvorgaben können Sie dies flexibel schon von zuhause aus entscheiden. Audioguides sind in allen gängigen Sprachen zusätzlich erhältlich und werden auch von der Kirche aus angeboten. Zudem empfehle ich Ihnen, bei einem Besuch die Schultern zu bedecken, und die Kirche nicht in kurzen Hosen zu betreten. Hierzu finden Sie aber später noch mehr.

Es befindet sich zudem ein recht großer Park gegenüber von dem Haupteingang der Kirche. Er besitzt viele großartige alte Bäume, etliche Bänke zum Verweilen und auch diverse Spielplätze. Von hier aus haben Sie ebenfalls einen perfekten Blick auf die "Sagrada Familia". In diesem Park sind ebenso kleine

Teiche angelegt, die sich zur Seite der Kirche erstre-
cken. Das ist ebenfalls ein sehr beliebter Platz, um
tolle Fotos als Erinnerung zu machen.

DAS BARCELONA DES ANTONI GAUDI UND DER PARK GÜELL.

Von dem Plaza Catalunya erreichen Sie den Stadtteil
Gracia sehr leicht zu Fuß oder auch mit öffentlichen
Verkehrsmitteln. Die Straße besitzt wirklich sehens-
werte Bauten, wie zum Beispiel die "Casa Batllo". Die
Restaurierung der Fassade ist abgeschlossen und
steht nun in voller Pracht und neuem Glanz für Ihren
Besuch zur Verfügung! Von der Placa de Catalunya
aus sind es gerade mal 500 Meter bis zu einem dieser
beeindruckenden Gebäude.

Das Kunstwerk "Casa Battlo" liegt direkt am
"Passeig de Gracia". So nennt sich Barcelonas pracht-
vollste Straße, die auch den Namen "goldene Meile"
mit Stolz trägt. Die "Casa Batllo" ist ein Wohn- sowie
Geschäftshaus. Der Architekt ist, wenn Sie es sehen,
einfach zu erraten: Antoni Gaudi. Dieses wirklich besondere Gebäude zählt als eines der Glanzstücke der
Stadt. Die Fassade der "Casa Batllo" besteht aus

großzügig geschwungenen Wellen und bunten Farben. Diese sind dem "Heiligen Georg" gewidmet, welcher der Geschichte nach mit einem Drachen kämpfte und ihn auch besiegte. Noch heute tritt das Symbol eines Drachen häufig in der Stadt auf und ist an vielen Denkmälern oder Bauten zu sehen. So ist das Dach dieses Gebäudes in Form der Drachenschuppen gestaltet worden. Die speziellen einzelnen Balkongitter des Gebäudes symbolisieren das Maul, beziehungsweise die Zähne des Drachens. Bereits seit 1962 steht die "Casa Batllo" unter Denkmalschutz. Es ist ein Meisterwerk des Jugendstils und steht seit 2005 nun auch auf der Liste des UNESCO-Weltkulturerbes.

Heute ist die Casa Batllo ein Museum das immer wieder gerne besucht wird. Die Eintrittspreise sind leider nicht gerade niedrig. Trotz dessen finden sich regelmäßig lange Warteschlangen mit Touristen aus aller Welt. Denken Sie daran, bei Interesse auch hier wieder Tickets im Voraus zu buchen! Eine Besichtigung dauert ca. eine Stunde bis eineinhalb Stunden. Geöffnet ist das Museum täglich von 9 Uhr morgens bis 21 Uhr abends. Der letzte Einlass ist um 20 Uhr.

Die **"Casa Mila"** ist ebenfalls ein unübertroffenes Kunstwerk des Jugendstils. Ich brauche also fast nicht zu erwähnen, dass auch dieses Kunstwerk aus dem kreativen Kopf des Antoni Gaudi stammt. Die "Casa Mila" ist das letzte Wohngebäude, das von ihm konzipiert und erbaut wurde. Denn darauffolgend kümmerte er sich einzig und allein um sie – die "Sagrada Familia", wie zuvor schon erwähnt. Es wurde innerhalb von 5 Jahren ab dem Jahr 1905 erbaut.

Wegen der Sandsteinfassade, die die Optik eines Felsens besitzt, wird dieses Bauwerk von den Einheimischen liebevoll "La Pedrera" (der Steinhaufen) genannt.

Gut zu wissen: Das gesamte Haus besitzt keine einzige Ecke! Durch die besondere Konstruktion von Säulen und Stahlbalken sind weder Tragwände noch Ecken von Nöten, es ist eben ein spezielles Bauwerk, ganz nach Gaudis Art!

Zudem kann man die "Casa Mila" natürlich auch besichtigen. Im Dachgeschoß befindet sich ein großes Museum, das gesamte Haus befindet sich mittlerweile im Besitz der katalanischen Sparkasse, welche immer häufiger Ausstellungen veranstaltet. Auch dieses beeindruckende Bauwerk steht seit

1984 auf der UNESCO-Liste des Weltkulturerbes.

Der **"Parc Güell"** ist der bekannteste Park in Barcelona. Architekt ist ebenfalls Antoni Gaudí. Der Park Güell verfügt über mehrere Eingänge. Der Park wurde von 1900 ca. vierzehn Jahre lang erschaffen. Mit mehr als 3 Millionen Besuchern pro Jahr ist der Park die zweitgrößte Sehenswürdigkeit Barcelonas, direkt nach der Kirche "Sagrada Familia".

Gut zu wissen: In diesem Projekt wurde unter anderem das Wohnhaus der Familie Güell erstellt, welches heute eine Schule ist. Ebenso das Haus Gaudis, welches seit rund 50 Jahren ein Museum ist und auch das Wohnhaus eines anderen Architekten, welches heute noch privat bewohnt ist.

Gaudi achtete zudem bei dem Bau nicht nur auf umweltgerechtes, sondern auch auf günstiges Bauen: Er verzichtete auf Bagger und wollte die Lage des Parks nicht verändern, so passte er seine Pläne dem hügeligen und teils steilen Platz an. Dabei verwendete er Stützmauern, Säulen und auch einige Terrassen. Eben dadurch wirkt der Park auch trotz voller Bebauung sehr natürlich und als wäre er schon immer da gewesen. Für die zahlreichen Mosaike im Park verwendete Gaudi zudem Abfälle von

Fabriken. Den Eingang des Parks bilden zwei kleine Häuschen. Direkt dahinter befindet sich eine große Treppe direkt zur Terrasse des Park Güell. Diese ist ein bekannter Treffpunkt und Platz für Musiker und Maler. Zudem finden hier auch regelmäßig verschiedene Veranstaltungen statt.

Seit 1984 gehört der Park Güell, neben den vielen weiteren Werken von Gaudi, wie oben genannt, ebenfalls zum UNESCO Weltkulturerbe.

BERG MONTJUIC UND TIBIDABO

Der Berg Montjuic – definitiv einen Ausflug wert! Wenn Sie denken, dass dieser Berg mit seiner kleinen Festung "Castell de Montjuic" weit abgelegen ist, dann irren Sie sich! Sie erreichen diese tolle Sehenswürdigkeit vereint mit toller Natur und einem fast 360 Grad Ausblick in äußerst kurzer Zeit. Dieser wundervolle Berg ist eines der bekanntesten Sehenswürdigkeiten in Barcelona. Er ist 213 m hoch und man kann eine wunderbare Aussicht über den Hafen und über einen Großteil der Stadt erblicken. Man kann ihn zu Fuß erklimmen, ist aber auch ebenso gut mit der Seilbahn erreichbar.

Die Seilbahn fährt vom Berg sowie auch auf ihn hinauf von Strandnähe aus. Der Fahrweg der Seilbahn führt direkt über die große Hafenanlage, an dem die großen Kreuzfahrtschiffe und auch Luxusyachten anbinden. Fast genau in der Hälfte der Seilbahnstrecke, steht der 102 Meter hohe "Torre Jaume I", nach dem auch einige Straßen benannt sind. Dort wird die Fahrt für einige Minuten unterbrochen, damit die Fahrgäste die Aussichtsplattform betreten können und den grandiosen Ausblick über den Hafen und Barcelona, wie auch den übersichtlichen Strand "Barceloneta" und in Richtung Montjuic genießen können. Dort können Sie ebenso traumhafte Bilder machen. Die Seilbahnstation hat ganzjährig geöffnet. Die Hinfahrt kostet 11€ und die Rückfahrt circa 17€. Sie fährt alle 15 Minuten. Achten Sie darauf, dass nicht unbegrenzt Fahrgäste aufgenommen werden, und somit nach ca. 15 Minuten der Einstieg geschlossen wird und Sie auf die nächste Fahrt warten müssen. Die Fahrt ist sehr angenehm und die Gondeln schaukeln kaum, da es sich um eine große Gondel handelt. Also: auch wenn Sie etwas Höhenangst haben, ist dies kein Problem.

Um Ihnen allerdings noch einen weiteren Berg

vorzustellen, zeige ich Ihnen noch den **"Tibidabo mit dem Parque d'Atraccions"**. Dort vereint sich traumhafte Natur, Spiel und Spaß mit der Familie sowie eine bezaubernde Aussicht. Im Norden des Zentrums liegt der fast 520 Meter hohe Tibidabo. Dieser Berg verfügt über einen 100 Jahre alten Vergnügungspark, mit super liebem Personal, welches sehr kinderfreundlich ist, und, wie angesprochen, einer tollen Aussicht. Wie Sie zum "Tibidabo" kommen? Ganz leicht – der Bus direkt dorthin und fährt von allen größeren Plätzen das ganze Jahr über hin und zurück. Die erste Fahrt am Morgen ist um viertel nach zehn und fährt von da an alle 20 Minuten.

WEITERE ZIELE

Sie sollten sich natürlich nur das aussuchen, was Sie auch interessiert. In Barcelona gibt es genug verschiedene Möglichkeiten seinen Urlaub zu genießen, da ist für jeden Geschmack was dabei!

Mittlerweile gibt es in Barcelona über 60 Museen, aus denen Sie vielseitig wählen können. Das bekannteste ist wohl das **"Museu Nacional d'Art de Catalunya"**. Es ist das nationale Kunstmuseum

Kataloniens. Dort wird Ihnen die Kunst und Geschichte vom 11. bis zum 20. Jahrhundert genauer gezeigt. Es hat bis 18 Uhr geöffnet und die Eintrittspreise vor allem für Gruppen oder Familien sind erschwinglich. Wenn Sie also die spanische Kunst und Skulpturen von Nahem erleben wollen, dann ist ein Ausflug in das National Museum definitiv nicht verkehrt. Rechnen Sie für einen Durchgang ca. 60 bis 120 Minuten ein.

Der **"Palau de la Musica Catalana"** (Palast der katalanischen Musik). Es handelt sich hierbei um ein Konzerthaus. Der Bau dauerte gerade mal drei Jahre und steht nun in voller Pracht seit 1908 in Barcelona. Dieser Palast ist ebenfalls Teil des UNESCO Weltkulturerbes seit Ende der neunziger Jahre. Restauriert sowie modernisiert und auch erweitert wurde er bis 2004. Heutzutage finden in dem Konzerthaus weiterhin klassische Konzerte aber auch Pop- und Rockkonzerte statt. Sehen Sie sich das schöne Bauwerk von außen und von innen an, ein Besuch lohnt sich! Denken Sie auch hier daran, Ihre Karten im Voraus zu beziehen.

Der **"Font de Canaletes"** (Brunnen von Canaletes) ist ein Brunnen im Stadtkern des wunderschönen Barcelonas. Er befindet sich in der Nähe der Rambla bei dem Platz "Placa de Catalunya". Er gehört eher zu den unbekannteren und nicht allzu populären Sehenswürdigkeiten in Barcelona, dennoch ist es ein hübsches Bauwerk, das sich einen Abstecher verdient hat. Der Name des Brunnens leitet sich von dem Namen der alten Stadtmauer ab. Die Legende dieses besonderen Brunnens besagt, dass jeder, der aus dem Brunnen trinkt, wieder nach Barcelona zurückkehren wird. Seit Mitte des 20. Jahrhunderts feiern hier die Fans des Fußballclubs FC Barcelona, da bis dahin dort auch eine Sportzeitung ihre Redaktion hatte, welche die Spielergebnisse verkündete.

Bunkers el Carmel: In der Zeit des Bürgerkriegs erlitt die Stadt Barcelona weit über 200 Bombenangriffe innerhalb von wenigen Jahren. Also wurden Luftschutzbunker gebaut, um die Einwohner im Notfall in Sicherheit bringen zu können. Die Lage war ideal zur Verteidigung, da man an der Spitze einen Rundumblick auf die komplette Stadt hat. Heute steht dieser Ort allerdings unter Denkmalschutz. Der Weg zu diesem besonderen und beeindruckenden Ort in Barcelona zieht sich etwas weiter, wenn Sie also noch Zeit haben, eine einzigartige 360-Grad-Aussicht zu genießen, dann machen Sie sich schon mal auf den Weg. Sie gelangen ebenfalls über den "Placa de Catalunya" mit dem Bus in Richtung Carmel dorthin. Sie fahren circa 40 Minuten bis zu der Endhaltestelle. Von dort aus können Sie den Weg den Berg hoch zu den Bunkern erklimmen. Es ist trotz des eher längeren Wegs, im Vergleich zu anderen Sehenswürdigkeiten, auch am Wochenende und für Familien ein beliebtes Ausflugsziel. Von hier aus können Sie auch wundervolle Bilder machen. Einige Räume der Bunker sind noch erhalten und geöffnet. Sie können ganz einfach hineingehen und nachsehen. Der Eintritt der „Bunkers del Carmel" ist kostenlos. Definitiv empfehlenswert!

Der **"Placa del Rey"** (der Königsplatz) ist ein bekanntes Wahrzeichen in Barcelona. Der Platz befindet sich im historischen Viertel "Barri Gotic" und ist der Sitz des Grafen von Barcelona. Mit dem einzigartigen Baustil ist er in jedem Fall einen Besuch wert. Zudem verbindet er einige Hauptachsen in Barcelona miteinander und von hier aus können Sie in die Metro wie auch zu den Bussen gelangen. Merken Sie sich die Namen dieser großen Plätze, dann haben Sie immer eine gute Orientierung.

Der **"Placa Reial"** (der königliche Platz) ist ein ebenso historischer Platz im "Barri Gotic" unmittelbar an der Rambla. Von einer anderen Seite als der der Ramblas, ist der Platz fast zu übersehen, da er nur wenige Eingänge besitzt. Von hier erreichen Sie ebenfalls, wie schon bei dem vorherigen Platz "Placa del Rey" erwähnt, die gängigen Metro- und Busstationen sowie auch weitere Sehenswürdigkeiten, ganz einfach zu Fuß. Ebenso landen Sie, wenn Sie von hier aus, an den Rändern des Platzes spazieren in liebevoll dekorierten kleinen Gassen mit ebenso kleinen Lädchen und Bars. Das Flair dieses Platzes ist zauberhaft. Er ist zwar klein, wirkt allerdings mit seinen Palmen und dem schmucken Brunnen in der Mitte sehr lebhaft und modern. Die Laternen auf dem Platz Reial hat ebenfalls Antoni Gaudi entworfen. Diese stehen dort seit Ende des 19. Jahrhunderts. Wenn Sie sich also in die kleinen Gassen begeben und sich ein wenig umsehen, werden Sie merken, dass auch noch heute an den Fassaden der Häuser kleine Schilder angebracht sind. Sie zeigen einen Pferdewagen mit Pfeilrichtung, wie die Fahrer in den Stadtkern hinein oder wieder hinaus finden konnten. Auch daran können Sie sich orientieren, wenn Sie einmal ein Gässchen zu weit gelaufen sind.

Der **"Placa de Espana"** (Platz von Spanien) ist einer der wichtigsten Plätze in Barcelona in dem wunderschönen Viertel "Montjuic". Seine wichtigsten Merkmale sind der große Brunnen, von dem ich Ihnen folgend berichten werde, den venezianischen Türmen am Eingang des Platzes sowie das riesige Einkaufszentrum "Las Arenas" in der alten Stierkampfarena. Hierzu werde ich Ihnen später noch mehr erzählen. Zudem liegt der traumhafte Platz mit seiner weitläufigen Aussicht direkt am Fuß des bereits genannten Bergs "Montjuic". Von diesem Platz erreichen Sie direkt den Transfer zum Flughafen sowie die Buslinien in den Stadtkern und auch die Metro.

"La Monumental" – Die alte Stierkampfarena ist heute natürlich keine mehr. In diesem pompösen Bauwerk finden Sie heute das oben bereits genannte Einkaufszentrum "Las Arenas" sowie auch den Weg zu einer großartigen Aussichtsplattform. Das folgende Spektakel können Sie auch von hier wunderbar beobachten...

Der **"Font Magica"** oder auch "Font Magica de

Montjuic" genannt, was "Magischer Brunnen von Montjuic" bedeutet, ist ein großer Springbrunnen im Stadtteil, wer hätte es gedacht, "Montjuic". Er befindet sich direkt unterhalb des "Palau Nacional" (Nationalpalast) und wurde für die Weltausstellung 1929 an dem oben genannten Platz "Placa de Espana" errichtet. Während des spanischen Bürgerkriegs wurde der Brunnen stark beschädigt und war bis 1955 traurigerweise außer Betrieb. Zusammen mit dem "Museu Nacional" wurde er kurz darauf restauriert und modernisiert. Warum der Brunnen magisch ist? Er besteht aus über 3500 Düsen und lässt rund 2500 Liter Wasser pro Sekunde sprudeln. Die Wasserspiele im Brunnen vor dem Nationalpalast sind seit 1980 mit eindrucksvoller passender Musik unterlegt. Sie werden klassische Stücke, moderne Songs wie auch Filmmusik hören können. All das vereint, bietet es immer ein ganz besonderes Flair. Die magische Show mit Wasser, Farbe und Musik sollten Sie sich auf keinen Fall entgehen lassen. Die Aufführungen finden von März bis zum 6. Januar an jedem Wochenende statt und sind kostenlos zu erleben.

Tipps für jeden Geldbeutel

Apropos kostenlos ... Wer denkt, dass Barcelona ein teures Pflaster ist und nichts günstig oder erschwinglich ist, der irrt sich ganz gewaltig! Man kann nämlich genauso gut mit einem nur kleinen Budget in Barcelona jede Menge sehen und erleben.

Ich werde Ihnen folgend günstige oder sogar kostenlose Ziele auflisten, welche ich auch schon genauer erläutert habe. Vielleicht ist ja hier auch nochmal etwas dabei ...

1. Zum Beispiel Barcelonas Stadtrundgänge. Sie dauern im Schnitt etwa 2 bis 3 Stunden und sind bis auf ein Trinkgeld für den Guide kostenlos! Diese sind meist in Englisch sowie Spanisch zu erleben und beginnen zu unterschiedlichen Uhrzeiten. So gibt es einige Touren durch das gotische Viertel "Barri Gotic" oder auch welche, die Ihnen nochmals die Bauten von Antoni Gaudi näher bringen. Informieren Sie sich gerne über die Startpunkte und Uhrzeiten in einem Tourismusbüro, da diese auch je nach Saison abweichen können.

2. Die "Sagrada Familia" ist auf jeden Fall mindestens den Anblick wert und diesen können Sie ganz leicht in den nicht allzu überlaufenen Parks genießen! Oben habe ich Ihnen bereits erklärt, wie Sie diese ganz leicht finden können. Zudem ist der Besuch der Krypta mit der Grabstätte von Antoni Gaudi kostenlos. Kaum zu glauben, aber dieses Meisterwerk wird Sie in den Bann ziehen, also sehen Sie sich doch etwas genauer auch um die Kirche um.

3. Einfach nur umsehen und ein wenig bummeln inklusive tollem Flair? Kein Problem! Wenn Sie von dem "Placa Catalunya" in Richtung Norden gehen, so landen Sie über den "Passeig de Gracia" direkt auf der sogenannten "goldenen Meile" Barcelonas! Der "Passeig de Gracia" ist eine achtspurige Straße und trägt diesen Spitznamen nicht nur wegen der vielen namhaften Edelboutiquen und Banken, sondern weil hier auf diesem pompösen Boulevard mehr als einhundert denkmalgeschützte Gebäude stehen. Darunter finden sich weltbekannte Bauten, wie zum Beispiel die bereits erwähnte "Casa Batllo" und die "Casa Mila" sowie viele weitere. Allein das Durchstreifen dieser Straße ist schon fast ein Museumsbesuch und vor allem auch kostenlos!

4. Zudem ist auch das Ausruhen im "Park Güell" immer noch kostenlos. Dieser wunderschöne Garten mit der herrlichen Aussicht auf die Stadt ist in jedem Fall einen Besuch wert. Wenn Sie den denkmalgeschützten Teil des Park Güell sehen möchten, so ist dieser vor 8 Uhr morgens ebenfalls kostenlos für Sie zu erkunden.

5. Die Ramblas sind ein Muss bei Ihrem Besuch in Barcelona! Das hoch und runter laufen sowie das Bestaunen und Genießen der Straßenkünstler und des Flairs sind ebenso kostenlos. Für die Markthalle "La Boqueria" ist ebenso der Eintritt frei und auch der direkt an der Fußgängerzone liegende Platz "Placa Reial" ist ebenso ohne Geld zu besichtigen.

6. Der "Arc de Triompf" ist ein wundervoller Torbogen aus rotem Backstein etwas außerhalb von dem Stadtkern, aber trotzdem auch zu Fuß zu erreichen. Was natürlich mehr Spaß macht: Mit einem Segway! Diese sind ebenso wie Räder in Barcelona sehr günstig zu mieten. Rund um den Bogen wurden die Wappen der Stadt und die 49 Provinzen angebracht. Erwähnenswert sind zudem die Fledermäuse aus Stein, mit der die Fassade des Bogens aufwändig verziert sind. Die Fledermaus war das Wappentier des früheren Königs "Jaume I" und sein Glücksbringer. Ebenso verzieren die Fledermäuse das Wappen von Valencia und eines der ersten Wappen des FC Barcelona. Die Besichtigung dieses schönen Bauwerks ist ebenso kostenlos! Von dort aus kommen Sie auch direkt wieder zum Hafen.

7. Der Gang zum und durch den Hafen "Port Vell" über den Strand "Barceloneta" bis zum Olympiahafen und der Strandpromenade ist ebenfalls kostenlos. Ohne nur einen Cent auszugeben, können Sie hier ganz leicht 1-2 Stunden verbringen.

8. Am ersten Sonntag eines Monats ist der Eintritt für das Picasso Museum im Stadtteil "Borne" ebenfalls frei. Ebenso an jedem weiteren Sonntag ab 15 Uhr.

9. Die Kathedrale im Viertel "Barri Gotic" hat dieselben Regeln wie das Picasso Museum, also können Sie auch hier nochmal Geld sparen.

10. Die Show des magischen Brunnen "Font Magica" direkt unter dem Berg Montjuic ist ebenso umsonst. Der Besuch der Gärten des National Palastes ist ebenso kostenfrei. Auf dem Berg Montjuic selbst ist der Eintritt zur alten Festung "Castell de Montjuic" ebenso kostenlos und Sie können nochmals einen grandiosen Ausblick genießen.

Trotz dessen, dass Sie sich in einer Metropole befinden, lässt sich in Barcelona vieles ganz einfach zu Fuß entdecken. Falls Sie sich schonen möchten und auch gerne Mal den Blick aus dem Bus genießen, dann kaufen Sie sich einfach für circa 10 Euro eine 10er Karte für die Öffentlichen Verkehrsmittel wie Bus und Metro. Die Karte gilt für die ganze Stadt und kann 10 Mal eingesetzt und auch von mehreren Personen genutzt werden. So kommen Sie sehr schnell sehr weit und können für wenig Geld diese große, tolle Stadt entdecken und erkunden.

Mit der Barcelona-Card sparen Sie ebenso Zeit wie auch Geld. Sie genießen mit ihr freie Fahrten in Bus und Metro sowie freie und vergünstigte Eintritte in fast allen Museen und Sehenswürdigkeiten. Zudem sparen Sie mit ihr auch Zeit, da Sie oft auch Warteschlangen umgehen können oder es einen extra Eingang für Personen mit City-Card gibt.

Sie ist die meist gebuchte Leistung in ganz Barcelona und kann auch bereits von zuhause aus geordert werden. Sonst natürlich auch bei der Ankunft am Flughafen oder aber direkt vor Ort.

Also alles in allem gibt es genug gute Gründe, um sich bei Ihrem Besuch in Barcelona eine Karte zu

kaufen, um von den vielseitigen Angeboten zu profitieren.

Shopping in Barcelona

Barcelona ist nicht ohne Grund eine ange-
sagte und moderne Metropole für Kleidung
und Mode! Einer der Gründe, wieso jährlich
Tausende von Personen und Touristen nach
Barcelona kommen, sind nicht nur die fantastischen
Sehenswürdigkeiten oder das gute Essen, was Spa-
nien zu bieten hat, sondern die enorme Auswahl an
Kleidern, Schuhen und Accessoires. Ob Sie gerne
teuer shoppen bei Gucci, Armani oder Massimo
Dutti, Sie können hier auch gut in den großen

Filialen von Nike und Adidas Ihr Geld los werden. Genauso sind aber auch natürlich die günstigeren Geschäfte vertreten, wie H&M, Zara und Mango. Von Mango gibt es übrigens etwas außerhalb auch ein Outlet, was sich für jeden Modeliebhaber absolut lohnt! Ebenfalls sollten Sie bei einer Shopping-Tour Ausschau nach den einheimischen Herstellern wie Desigual, Gusto, Stradivarius und Often Ausschau halten. Von Desigual gibt es in der Nähe des Mango Outlets auch ein Outlet.

Einkaufen ist in Barcelona ein absolutes Vergnügen. Mit seinen vielen Einkaufsstraßen und Boutiquen macht das Einkaufen viel Spaß. Des Weiteren finden Sie auch verteilt Supermärkte von Privatpersonen. In den Carrefour Ketten können Sie allerdings sicher sein, dass der Preis immer der gleiche ist, unabhängig vom Standort.

Wenn Sie also auch gerne einkaufen, dann zeige ich Ihnen die bekanntesten und populärsten Einkaufsmöglichkeiten, das sind definitiv folgende:

- "El Corte Ingles" am "Placa de Catalunya"
- "El Triangle" am "Placa de Catalunya"

- Das "Maremagnum" am Hafen in der Nähe der Kolumbusstatue
- Supermarkt Carrefour auf der Rambla

Vorab schon mal etwas zu den Ladenöffnungszeiten. Viele Geschäfte sind durchgehend geöffnet und machen keine "Siesta". Häufig sind die Zeiten 10.00 Uhr bis 20.30 Uhr oder auch bis 21.30 Uhr. Märkte sind ebenso ganzjährig und täglich geöffnet, allerdings mit kürzeren Öffnungszeiten. Große Läden und Einkaufszentren bieten ebenso regelmäßig verkaufsoffene Sonntage an, diese verfügen dann über besondere oder veränderte Öffnungszeiten.

Vor allem das berühmte "El Corte Ingles" mit vielen großen Stockwerken ist auch zum Bummeln ein Besuch wert! Im unteren Stock finden Sie zudem auch Lebensmittel.

Wochenmarkt, Flohmarkt oder Trödelmarkt gefällig? Auch das bietet Barcelona zur Genüge an!

- "La Boqueria" – Markt für Lebensmittel
- "Brocanters del Port Vell" – Trödel, Antiquitäten am Alten Hafen, nahe der Kolumbusstatue. Auf jeden Fall einen Besuch wert!

Souvenirs aus Barcelona mitbringen – aber was? Das typische Souvenir aus Barcelona gibt es nämlich nicht. Kaufen Sie sich lieber etwas Individuelles, was Sie an Ihren schönen Urlaub erinnert, und nicht gerade das, was die ganze breite Masse kauft und wovon Sie noch zig weitere im Flugzeug nach Hause sehen werden. Zu den Märkten erzähle ich Ihnen später noch etwas Genaueres.

Speisen und Wohnen

ESSEN IN BARCELONA

Wie man richtig isst, wissen die Spanier sehr gut! Vor allem in Barcelona gibt es einige Hotspots, an denen man sehr gut speisen und naschen kann. Die spanische Küche gehört zu den besten der Welt. Die Gerichte sind so abwechslungsreich wie Spanien selbst. Barcelona hat ein großes, reiches Angebot an Essensgelegenheiten. Ob auf die Hand, To-Go oder in einem tollen, liebevoll eingerichteten Restaurant, hier finden Sie wirklich alles, auf was Sie Lust haben!

So kann ich Ihnen leider nicht alle im Detail

erläutern aber ich kann Ihnen auf jeden Fall raten, jeden Tag Ihres Aufenthaltes mindestens ein anderes Restaurant zu besuchen.

In Barcelona finden Sie allerhand Spezialitäten über traditionelle Gerichte sowie internationale Speisen.

Nochmal ein kleiner Unterschied vor ab zu uns Deutschen: In Spanien und auch direkt in Barcelona bezahlt nicht jeder das, was er bestellt hat, sondern die Rechnung kommt für den gesamten Tisch. Die Spanier nehmen die Summe, teilen sie dann durch die anwesenden Personen und verrechnen das dann selbst untereinander, wenn überhaupt. Es wird also direkt der gesamte Betrag zusammen mit Trinkgeld bezahlt. Trinkgeld wird grundsätzlich eher wenig gegeben im Vergleich zu Deutschland. In Restaurants sind etwa 5% üblich, in Bars rundet man auf den nächsten runden Betrag auf, wie gewohnt. Natürlich ist es Ihnen überlassen, wieviel Trinkgeld Sie geben möchten, wie Ihnen der Aufenthalt eben wert war.

Die vier bekanntesten Speisen werde ich Ihnen nun vorstellen. Diese sollten Sie auf jeden Fall probieren, wenn Sie in Barcelona sind!

Tapas

Meistens als Vorspeise oder Snack serviert, können Tapas auch leckere Hauptspeisen sein. Es handelt sich ursprünglich um kleine Häppchen, die häufig zu Wein oder Bier serviert werden. Eine Legende besagt, dass früher die alkoholischen Getränke früher mit einer Scheibe Brot "Tapa" abgedeckt wurden, damit keine Insekten hineinfliegen konnten. Dieser Deckel wurde im Lauf der Zeit weiterentwickelt und somit auch mit weiteren Lebensmitteln verziert. Zudem wurden die Tapas genutzt, um die Zeiträume zwischen den Hauptmahlzeiten zu überbrücken.

Churros

Die Churros sind ein frittiertes Gebäck, ähnlich einem langen, platten Berliner ohne Füllung. Sie sind sternförmige Stangen, die nach dem frittieren mit Zucker verfeinert werden. Sie werden meistens mit flüssiger Schokolade serviert, in die man die Churros eintunken kann. So wird die Speise ebenso auch in den USA serviert. Sie finden die Stände und sogenannte "Churrerias" an den großen Plätzen in ganz Barcelona verteilt. Ursprünglich sollen die Churros vom chinesischen Frühstück abgeleitet worden sein und von portugiesischen Händlern mit Zucker verfeinert worden sein. Damit der Zucker besser am Gebäck hält, gaben Sie ihm die sternform. Gut zu wissen: In Spanien und in Barcelona isst man Churros zu jeder Uhrzeit, ob morgens oder abends, Sie können diese Spezialität zu jeder Zeit bestellen. Zudem werden Sie an Silvester mit Vanillezucker oder Zimt serviert und sind eine beliebte Speise für den Neujahrstag. Ähnlich wie bei uns die Berliner. Des Weiteren gibt es verschiedene Arten von Churros, welche unterschiedlich frittiert und mit unterschiedlichen süßen Soßen angerichtet werden.

Die Paella

Eine Paella ist eine spanische Reismahlzeit aus der Pfanne. Es ist das Nationalgericht der Stadt Valencia. Der Begriff "Paella" kommt aus dem Katalanischen und bedeutet so viel wie "Platte" und gemeint ist eine große Platte oder Schale aus Metall, in der die Paella zubereitet wird. Mittlerweile wird der Begriff Paella als Wort für das Gericht sowie auch für "Pfanne" verwendet. Die Paella ist ein traditionelles Gericht und ist in ganz Spanien bekannt. Es werden allerdings je nach Region verschiedene Zutaten zur Verfeinerung verwendet. So finden Sie zum Beispiel in manchen Fisch, in manchen nicht. Ebenso gibt es je nach Restaurant verschiedene hausgemachte Varianten – und so schmeckt die Paella auch am besten! Hausgemacht, statt Massenware. Deshalb essen Sie am besten keines dieser tollen traditionellen Gerichte auf den Ramblas, sondern nehmen Sie sich, wie die Einheimischen, Zeit zum Essen und gehen Sie dafür in ein spezielles Restaurant.

Creme Catalana

Die Crema catalana ist ein Dessert, welches in Form einer Creme serviert wird. Zudem ist diese mit einer festen Karamellschicht überzogen. Diese Schicht entsteht durch auf die Creme gestreuten Zucker, der durch eine traditionelle Handhabung gebrannt wird. Es gibt die Crema Catalana in verschiedenen Größen und ist häufig sehr süß. Vor allem im Vergleich zu unseren deutschen Nachspeisen. Es gibt bereits Rezepte aus dem Mittelalter.

Auch gut zu wissen: Fast alle der Nachspeisen sind sehr süß und werden großzügig portioniert.

Ein kleines Problem beim Essen in Urlaubsländern ist meistens, dass man die Sprache nicht spricht und somit die Namen der Speisen nicht kennt. Allerdings ist das kein Problem in Barcelona, da in sehr vielen Karten auch eine deutsche oder englische

Variante steht. Zudem können Sie auch gern nachfragen und bekommen dann von den Kellnern alles erklärt, was Sie wissen möchten. Zudem sind auch oft Speisekarten vorhanden, in denen Bilder zu den einzelnen Speisen abgedruckt sind. Das hilft den Spaniern selbst bei der Auswahl und Ihnen als Tourist sowieso.

Welche Restaurants ich Ihnen allerdings wirklich ans Herz legen möchte, sind folgende:

Das Restaurant "El Taller de Tapas"
Dieses tolle Restaurant bietet eine katalanische/spanische und internationale Küche an. Die Spezialitäten sind Tapas, Fisch- und Fleischgerichte. Zu finden ist das Restaurant auf der Rambla de Catalunya. Geöffnet ist es von 8.30 Uhr morgens bis 1 Uhr nachts. Diese Restaurantkette finden Sie mehrmals in Barcelona. Sie haben in jeder Filiale denselben Standard und fühlen sich nicht nach Massenabfertigung an. Sie können also zwischen verschiedenen Speisen wählen. Zudem können Sie die Portionen und auch die Anzahl entsprechend Ihres Hungers auswählen.

HOTELS

Es sei vorab erstmal gesagt, dass die Preisklassen in Barcelona ungefähr so aufgeteilt sind: Luxuriös über 200 €, Standard 90 € bis 200€, preiswert bis zu 90 € die Nacht.

Ein guter Tipp zu Beginn ist, überlegen Sie sich, wo Sie am liebsten aufwachen würden. In der Stadt? In der Nähe des Strandes? Weiter abgelegen?

Barcelona bietet sehr viele unterschiedliche Übernachtungsmöglichkeiten. Sie können also zwischen Luxushotels, günstigen Hotels und auch sehr preiswerten Pensionen wählen. Es kommt nur darauf an, was Sie für einen Standard haben und was Sie ausgeben möchten. Unterkünfte finden Sie quer verteilt in der gesamten Stadt. Denken Sie bitte daran, dass Barcelona eine Metropole ist, und von vielen Menschen besucht wird. Also buchen Sie am besten im Voraus, unabhängig davon, ob Sie zur Hochsaison nach Barcelona reisen möchten oder eher in einer milderen Jahreszeit. Beliebte Städte sind schnell ausgebucht.

Ich rate Ihnen zudem, auf Google Maps zu schauen und die Umgebung nach Übernachtungsmöglichkeiten online abzuklappern, das ist oft sehr hilfreich, wenn man weiß, in welchem Bereich man übernachten möchte. Ich habe bisher nur gute Erfahrungen gemacht mit kleinen Zimmern im Zentrum der Stadt. Ob diese Zimmer von Ketten oder kleineren Hotelunternehmen stammen, ist völlig egal, es gibt einen Standard in Barcelona, den jedes Zimmer erfüllt. Sonst wird es nämlich auch für die Hotels schwer, sich in den beliebten Straßen im Zentrum zu halten.

Insider-Tipps

DO'S & DON'TS

BESONDERE ORTE

D ie "Las Arenas" in Barcelona ist ursprünglich eine historische, sehr alte Stierkampfarena. Nachdem sie sehr lange ungenutzt
war, beschloss man vor einigen Jahren ein Einkaufszentrum in ihr zu errichten. Die Fassade stammt aus
dem 19. Jahrhundert und blieb bei allen Umbauar-
beiten stets erhalten. Seit der Fertigstellung des Um-
baus bietet die Arena sehr viel großzügigen Platz für
Geschäfte und Unterhaltung. Die Arena verfügt über
sechs Etagen, Panorama-Aufzüge und einer transpa-
renten Glaskuppel. Zudem weist sie im obersten

Stockwerk eine große Aussichtsplattform auf. Zudem befinden sich im Inneren der Arena auch Kinosäle, ein Fitnessstudio und ein Museum. Es hat bis 22 Uhr geöffnet.

Der "Lost & Found Markt" ist ein Ziel mit oberster Priorität für alle, die gerne Vintage Artikel kaufen möchten. Hier finden Sie reichlich Produkte aus zweiter Hand. Der Markt ist im Winter am "Franca Bahnhof" und im Sommer am Strand "Barceloneta". Hier findest du die besondersten, undenkbarsten Artikel auf einem Markt. Bücher, Schallplatten, Comics, Kameras, Vintage Kleidung, Accessoires, ebenso auch vereinzelt Designerteile. Schauen Sie auf jeden Fall vorbei und bummeln Sie ein wenig über den Markt.

Do`s:

- Gerne versuchen, spanisch zu sprechen, falls Sie schon etwas lernen konnten – die Spanier freuen sich, wenn man sich ihrer schönen Sprache annimmt und danken es Ihnen, indem sie umso freundlicher zu Ihnen sind.

- Seien Sie offen und freundlich für Neues! Südländer sind sehr kontaktfreudig und sprechen gerne auch mit Fremden, seien Sie nicht erschrocken und genießen Sie den Charme dieses Volkes, denn die Spanier sind gerne Gastgeber.

- Gut zu wissen: Bei Taxifahrern wird ebenso wie in Restaurants auf die nächsten 50 Cent aufgerundet oder eben 5% gegeben. Auch Stadtführer freuen sich auf ein kleines Trinkgeld als Anerkennung.

- Einfach mal hinsetzen! Natürlich wollen Sie gerne so viel wie möglich sehen und entdecken, allerdings müssen Sie sich auch mal eine Pause gönnen. Hierzu gibt es ja auch wirklich genug tolle Plätze in Barcelona, an denen Sie einfach mal die Seele baumeln lassen können.

- Immer freundlich grüßen und verabschieden! Das alleine schätzen die Spanier schon wirklich sehr und Sie werden sehen, Sie bekommen die Freundlichkeit doppelt zurück. Zudem kann es auch passieren, dass Sie für Einheimische gehalten werden, und sogar Sie nach dem Weg gefragt werden!

Don`ts:

- So wunderschön die kleinen Gassen im strahlenden Sonnenschein mit einer Meeresbrise in der Luft auch sind, meiden Sie die abgelegenen Schleichwege und Gässchen nachts. Dort gibt es Clubs und Veranstaltungen, die besser gemieden werden sollten.

- Verkäufer am Strand gibt es in Barcelona wortwörtlich wie Sand am Meer. Meiden Sie diese besser und kaufen Sie auch am besten nichts. Es handelt sich höchstwahrscheinlich um Fälschungen oder überteuerte minderwertige Waren. Zudem ist es in Barcelona verboten, gefälschte Artikel zu verkaufen, sobald die Händler die Polizei sehen, schnappen sie sich ihre Sachen und flüchten – "fliegende Händler" eben.

- Zum Thema Bekleidung. Natürlich gibt es in Barcelona keine Bekleidungsvorschriften, allerdings sollten Sie nicht vergessen, dass Spanien insgesamt ein sehr konservatives und vor allem katholisches Land ist. Deshalb verzichten Sie bitte bei einem Kirchenbesuch auf Flip Flops und kurze Hosen und betreten Sie sie ebenfalls nicht mit schulterfreien Oberteilen. Hierauf wird wirklich geachtet und es kann sein, dass einem der Eintritt verweigert wird.

- Selbstverständlich müssen Sie sich nicht verkleiden, aber je weniger Sie als Tourist auffallen und Ihre Bekleidung der der Einheimischen ähnlich sieht, umso niedriger ist die Gefahr, ein Opfer von Taschendieben zu werden!

- Mittlerweile ist es in Barcelona und vielen weiteren internationalen Städten verboten, im Bikini oder in Badekleidung durch die Stadt zu laufen. Sehen Sie bitte davon ab. Es gibt Schließfächer am Strand, in denen Sie Ihre Sachen unterbringen können, wenn Sie sie nicht den ganzen Tag herumtragen möchten. Oder ziehen Sie sich die Badebekleidung gleich darunter, wenn Sie einen Aufenthalt am Wasser planen.

- Auch wenn die Spanier sehr locker und freundlich sind, bitte setzen Sie sich nicht einfach in einem Restaurant an den Tisch, sondern warten Sie auf den Kellner, der Ihnen dann einen Platz anbietet. Auch in kleineren Geschäften wird es gern gesehen, wenn man kurz wartet.

- Bitte nicht zu lange am Strand "Barceloneta" sitzen! Ab ca. 23 Uhr wird der Sand nämlich neu umgewälzt und die Stadt-Mitarbeiter schicken Sie vom Strand. Zudem wird danach noch gegossen, also am besten nach den Arbeitern Ausschau halten und dann von alleine gehen.

- Auch wenn dies überall der Fall ist, möchte ich trotzdem darauf hinweisen, Müll, Zigaretten, Plastiktüten und weiteres in die großzügig platzierten Mülleimer zu entsorgen. Denn Müll auf den Straßen und am Strand kann absolut vermieden werden, zumal die ansässige Polizei "Guardia civil" wie auch die katalanische Polizei "Mossos" das gar nicht gerne sieht und vor allem bei Touristen häufig ein sehr hohes Bußgeld verlangt wird.

- Des Weiteren auch bitte nicht mit den beiden Polizei Gruppen diskutieren, es gelten andere Gesetze in Spanien und die Strafgewalt ist deutlich höher als zum Beispiel in Deutschland.

ZULETZT SEI NOCH GESAGT …

Als Abschluss eine letzte Erinnerung: Bitte denken Sie trotz allem immer an Ihre Sicherheit.

Vor allem auf den Ramblas, den großen Märkten und Hallen, auf den Stadtplätzen oder Parks und vor den bekannten Sehenswürdigkeiten sind viele Künstler unterwegs, die sich dort zur Schau stellen und ihr Können und Tricks zeigen. Sehr oft bilden sich dort große Ansammlungen der Zuschauer. Bitte behalten Sie Ihre Tasche nah am Körper, Ihr Handy und den Geldbeutel am besten voneinander getrennt an anderen Stellen Ihres Körpers und so, dass man Ihnen Ihre Wertgegenstände nicht leicht entwenden kann. Denn leider sind da, wo viele Menschen sind, auch ganz gerne Taschendiebe unterwegs. Ich möchte, dass Ihnen Barcelona in guter und vor allem schöner Erinnerung bleibt!

Herstellung und Verlag:
BoD – Books on Demand, Norderstedt
ISBN: 9783751979603

1. Auflage
Kontakt: Psiana eCom UG/ Berumer Str. 44/ 26844 Jemgum
Covergestaltung: Fenna Larsson
Coverfoto: depositphotos.com